AF588762

LES

GARIGUES

DE POUSSAN

EN 1813 ET 1868

OU

QUELQUES MOTS D'HISTOIRE ET DE DROIT

PAR

ARISTIDE GERVAIS

Unir les hommes par la vérité et concilier les intérêts par la justice.

MONTPELLIER
IMPRIMERIE TYPOGRAPHIQUE DE GRAS

MDCCCLXVIII

LES

GARIGUES DE POUSSAN

EN 1813 ET 1868

CHAPITRE Ier

VENTE DES GARIGUES DE POUSSAN

SON ORIGINE, SES RÉSULTATS HISTORIQUES

1813 - 1868

Napoléon avait quitté la Grande Armée, quelques jours après le passage de la Bérézina. Il avait confié à Murat l'honneur d'en ramener en France les restes glorieux, et était arrivé inopinément à Paris le 18 décembre 1812.

Loin d'abattre son génie, les malheurs de la triste et mémorable campagne de Russie semblaient en exalter la puissance.

Occupé, avant tout souci, du soin de venger les

humiliations de la patrie, il frappe du pied le sol et en fait sortir cette armée de jeunes héros qui allaient, sur les champs de bataille de Lutzen, Bautzen et Dresde, cueillir tant de lauriers, rendus bientôt inutiles par le désastre de Leipzig.

Ce n'était pas tout que d'improviser une armée, il devait encore en assurer l'entretien et la payer. Aussi, dès le mois de janvier 1813, la question financière était-elle l'objet de ses méditations. Il discutait avec M. Mollien, son ministre des finances, et M. de Bassano, l'homme de tous les conseils à cette époque, les combinaisons que la situation économique de l'Empire pouvait suggérer, et il s'arrêta définitivement à celle qui parut se concilier le mieux avec les exigences de sa politique, et coûter le moins cher au patriotisme de ses peuples : je veux parler de la vente des biens-fonds appartenant aux Communes, que celles-ci affermaient et dont elles ne percevaient, par conséquent, le revenu qu'en argent.

L'opération consistait à inviter les Communes à céder à l'État leurs propriétés affermées; celui-ci les vendrait, et, en échange du prix qu'il retirerait, il constituerait au profit des Communes, sur le grand-livre de la dette publique, une *rente égale au montant de leur fermage*.

Ces mesures, dans l'esprit de leurs auteurs, ne portaient nulle atteinte aux intérêts des Communes. Les revenus communaux, en effet, loin d'être diminués, revêtaient un caractère de fixité peu conciliable avec l'exactitude parfois problématique des fermiers. Elles avaient, en outre, l'avantage d'assurer tous les services publics sans recourir à de nouveaux impôts ; et l'Empereur pouvait dire, à l'ouverture du Corps législatif, le

14 février 1813 : « J'ai besoin de grandes ressources » pour faire face à toutes les dépenses qu'exigent les cir- » constances ; mais, moyennant différentes mesures que » vous proposera mon Ministre des finances, je ne de- » vrai imposer aucune nouvelle charge à mes peuples. »

Par suite de ces décisions, un projet de loi fut présenté au Corps législatif, et les mesures financières préparées par l'Empereur devinrent la loi du 20 mars 1813.

Le Département de l'Hérault fournit son contingent de Communes dont les biens devaient être vendus, conformément à ladite loi.

Dans le seul Arrondissement de Montpellier, on compte les Communes d'Assas, Balaruc-les-Bains, Cournonterral, Cournonsec, Frontignan, Loupian, Montbazin, Montarnaud, Murviel, Montferrier, Saint-Jean-de-Védas, Vendargues, Villeneuve-lez-Maguelone, Villeveyrac, etc.

La Commune de Poussan, située dans le canton de Mèze, y fut comprise. Ses biens communaux, consistant en garigues et vacants, furent vendus le 11 octobre 1813, par voie d'adjudication publique aux enchères, et tout citoyen fut admis à faire des offres [1].

Une portion des garigues connue sous le nom de LA RÉSERVE, d'une contenance de 100 hectares environ, fut distraite des biens vendus et conservée à la Commune. Elle était destinée à l'entretien des petits troupeaux paissant dans les fossés et les chemins, et fournissant le

[1] Il existe aux Archives de la Préfecture de l'Hérault la minute du cahier des charges qui régit cette vente et du procès-verbal de l'adjudication. Je les ai transcrites plus bas ; mais, les Archives étant un dépôt public, chacun peut se faire délivrer une expédition de ces pièces.

lait nécessaire à l'alimentation publique. Un simple droit de lignerage et divers droits de passage furent réservés, en la vente, par la Commune en faveur des habitants.

Il n'est pas de jour que les notaires n'aient à passer des actes de vente contenant des réserves semblables. Leur rédaction n'est pas plus claire que celle de l'acte de 1813. Celui-ci ne présente pas plus de difficultés d'interprétation que les autres ; sa simple lecture suffit pour fixer, sur les droits et devoirs de chacun, les intelligences vulgaires ; et, si quelques points peuvent donner lieu à quelques difficultés, ce sont des questions de pure forme, touchant l'exercice des devoirs et des droits, et aucun acte assurément n'en peut être exempt.

L'acte de vente de 1813 n'a pourtant pas produit ces seules difficultés.

Des doutes sur le fond, l'essence même de l'acte, furent semés dans l'opinion publique pendant les années qui suivirent. Tantôt on discutait sur la nature même du titre translatif de la propriété et on en niait la valeur, tantôt on dissertait sur son origine et on en contestait la légitimité, tantôt enfin on se refusait à reconnaître ce qui était l'objet même de l'acte.

Les propriétaires montraient-ils leurs titres, tout rentrait dans l'ordre : leurs droits étaient formellement reconnus par ceux qui avaient été assez peu avisés pour traduire en faits délictueux les excitations de la parole, et quelquefois même les Tribunaux étaient appelés à sanctionner par quelque peine les atteintes portées au droit des propriétaires, et ils n'y ont jamais manqué, chaque fois qu'ils ont été saisis.

Devenu, en 1861, propriétaire d'une partie des garigues; allant être, à ce titre, personnellement mis en cause dans les questions soulevées à leur occasion, je voulus être fixé sur l'étendue et les limites exactes de mes droits et de mes devoirs. Pour cela il fallait remonter aux sources et interroger les titres originaires, constitutifs des droits et devoirs de tous. Je trouvai, dans les divers titres de propriété que mon grand-père, M. Sauvaire, me remit, des extraits, revêtus de l'authentique, des actes de 1813.

A la simple lecture de ces pièces, je n'eus pas de peine à saisir le fond des choses et à faire à chacun, aux propriétaires et aux habitants de la Commune, leurs parts de droits et de devoirs.

L'occasion m'en fut bientôt donnée. Un procès, dans lequel un assez grand nombre d'habitants étaient impliqués, comme coupables d'avoir ouvert des sablières dans une portion des garigues, produisait une émotion aussi vive que générale. Je communiquai les actes qui étaient en ma possession à quelques personnes d'une très-grande droiture et d'une très-grande honnêteté de caractère. Leur surprise fut grande : d'un côté tant de clarté, de précision, de lumières sur les grandes lignes des droits et devoirs de tous, et de l'autre toute une histoire de doutes, d'obscurités, de malentendus, de ténèbres !.... Sans doute, quelques points d'interprétation pouvaient bien encore, à leurs yeux, rester dans l'ombre; mais la voie pour faire arriver la lumière même sur ces points demeurés obscurs était trouvée, la voie tranquille de cette justice toute paternelle qui a son siége au chef-lieu de canton. Mais, du moins, on ne verrait plus désormais les luttes, les querelles, les bruits de la rue, répandre partout l'émotion dans le village.

D'autre part, quelques personnes, intéressées dans

le procès, eurent la bonne inspiration d'aller aux Archives du Département prendre connaissance des actes de 1813. Elles revinrent complètement instruites sur toutes choses, et leur attitude dans le litige ne contribua pas peu à son apaisement et à sa terminaison.

Ces titres étaient donc doués d'une efficacité bien remarquable, pour vaincre si facilement des résistances demi-séculaires, pour dissiper des doutes pourtant bien invétérés, et pour calmer les flots soulevés de l'injuste suspicion et de l'outrageuse colère. Mais alors ils devaient être partout : tous les intéressés, tous les habitants de la commune, pour ainsi dire, devaient en avoir une expédition. Je m'informe : personne n'a ces titres, personne ne les a jamais ni vus ni connus.

La Mairie, du moins, cette Maison commune, où chacun aura pu, à toute heure, aller s'instruire de ses devoirs et de ses droits, la Mairie, dis-je, les aura dans ses Archives.... Les Archives étaient veuves de ces actes... et ces actes étaient cependant d'une importance capitale pour éclairer l'opinion sur les droits de chacun.....

Je venais de trouver la clé de la triste histoire de mon pays depuis quarante ans. La première idée du travail que j'offre aujourd'hui à mes Concitoyens me vint alors en l'esprit. Frappé des résultats individuels que la simple lecture des actes de 1813 avait produits, convaincu qu'elle serait aussi fructueuse pour quiconque les lirait sans prévention, je résolus de les faire connaître à toute la population, dussé-je recourir à la publicité du journal ou du livre. Une longue indisposition et des occupations de plus en plus multipliées m'ont empêché de donner plus tôt suite à mon projet.

Il n'a rien perdu, malheureusement, de son opportunité. La question est aussi obscure que jamais pour le plus grand nombre. J'ai essayé de l'éclairer, en portant aux débats mon faible contingent de lumière.

Excité par le succès des quelques tentatives individuelles dont j'ai parlé, encouragé par des paroles venues de haut, et plus encore par la conviction que l'opinion publique ne demande qu'à être éclairée pour se ranger à jamais sous la bannière de la vérité, je n'ai pas hésité à m'imposer le labeur de cette publication.

La loi du 20 mars 1813, les titres originaires, constitutifs des droits de tous, et quelques mots d'explications, où je me suis moins attaché à la valeur juridique du commentaire qu'à la poursuite et à la destruction de fausses impressions dont l'opinion publique a été depuis trop longtemps le jouet et la victime :

Telle est la substance de ces pages.

Si elles réussissent à éclairer les hommes honnêtes et les esprits droits, je ne regretterai pas la peine que j'ai prise, et je n'aurai jamais à me repentir d'avoir fait une bonne action, au risque de froisser quelques illusions. Ceux qui les partageaient seront les premiers, j'espère, à me louer d'une entreprise qui les dissipe, tant je fais fond sur l'honnêteté de leur caractère ; et j'ose dire, en finissant, que l'hommage qu'ils rendront à la vérité et à la justice ne sera pas la moindre de mes satisfactions.

CHAPITRE II

SA LÉGALITÉ

—

Loi concernant les Finances [1]

Du 20 mars 1813

« Napoléon, par la grâce de Dieu et les Constitutions, Empereur des Français, Roi d'Italie, Protecteur de la Confédération du Rhin, Médiateur de la Confédération suisse, à tous présents et à venir, salut.

» Le Corps législatif a rendu, le 20 mars 1813, le Décret suivant, conformément à la proposition faite au nom de l'Empereur et Roi, et après avoir entendu les Orateurs du Conseil d'État et le Président de la Commission des finances.

[1] Extrait du *Bulletin des lois*, n° 489, déposé aux archives de la Mairie de Poussan.

DÉCRET

TITRE Ier

De l'Aliénation de quelques parties des biens des Communes

» Art. 1er. — Les biens ruraux, maisons et usines, possédés par les Communes, sont cédés à la Caisse d'amortissement[1], qui en percevra les revenus à partir du 1er janvier 1813.

» 2. — Sont exceptés les bois, les biens communaux proprement dits, tels que pâtis, pâturages, tourbières et autres, dont les habitants jouissent en commun, ainsi que les halles, marchés, promenades et emplacements utiles pour la salubrité ou l'agrément.

» Sont également exceptés les églises, les casernes, les hôtels de ville, les salles de spectacle et autres édifices que possèdent les Communes, et qui sont affectés à un service public.

» En cas de difficultés entre les Municipalités et la Régie des Domaines, il sera sursis par elle à la prise de possession des articles réclamés, et statué par le Préfet, sauf le pourvoi au Conseil.

» 3. — Les Communes recevront, en inscription cinq pour cent, une rente proportionnée au revenu net des

[1] La Caisse d'amortissement avait été fondée en 1799 pour soutenir les *obligations* que les Receveurs généraux émettaient afin d'assurer au Trésor public l'acquittement des impôts. Elle avait bientôt reçu toutes les attributions relatives à la dette publique, et était ainsi appelée à remplir l'office de l'État dans les opérations qui allaient se faire.

biens cédés, d'après la fixation qui en sera déterminée par un arrêt du Conseil.

» 4. — La Régie de l'Enregistrement prendra possession, au nom de la Caisse d'amortissement, des biens cédés par l'article 1er, et ils seront mis en vente devant les Préfets et à la diligence des préposés de la Régie, en la forme ordinaire, sur une première mise à prix de vingt fois le revenu pour les biens ruraux, et de quinze fois pour les maisons et usines. Le prix des adjudications sera payable, un sixième comptant, un second sixième dans les trois mois de l'adjudication, et les deux autres tiers, d'année en année, à compter de l'échéance du premier terme, avec intérêt à cinq pour cent par an, tant du second sixième que des deux autres tiers, à partir du jour de l'adjudication.

» 5. — La Régie versera les revenus jusqu'à la vente, et le prix des adjudications, ainsi que les intérêts, à la Caisse d'amortissement, qui réservera cinq millions pour le fonds d'amortissement créé par l'article 8, et fournira au Trésor impérial jusqu'à concurrence de deux cent trente-deux millions cinq cent mille francs, pour le service des exercices 1811, 1812 et 1813.

» Sur le surplus, elle emploiera en achats de cinq pour cent la somme nécessaire pour être en mesure de remplir la disposition de l'article 3.

» 6. — La Caisse d'amortissement payera à chaque Commune l'équivalent du revenu net dont elle aurait joui en 1813, d'après la fixation déterminée par un arrêté du Conseil.

» Les créanciers qui auront des hypothèques sur des biens compris dans la cession auront le droit de transférer leurs hypothèques sur les autres biens qui restent à la Commune ; et, en prenant cette inscription avant le 1er janvier 1814, ils conserveront leur rang d'hypothèque.

» A défaut d'autres biens restant à la Commune, la rente assurée par l'article 3 et les autres revenus de la Commune sont spécialement affectés à ses créanciers[1].

» Collationné à l'original, par nous, Président et Secrétaires du Corps législatif. A Paris, ce 20 mars 1813. *Signé* : LE COMTE DE MONTESQUIOU, JANOD, AUBERT, DIGNEFFE, LAMARCHANT DE GOMICOURT.

» Mandons et ordonnons que les présentes, revêtues des sceaux de l'État, insérées aux *Bulletin des lois*, soient adressées aux Cours, aux Tribunaux et aux autorités administratives, pour qu'ils les inscrivent dans leurs registres, les observent et les fassent observer, et notre Grand Juge, Ministre de la justice, est chargé d'en surveiller la publication.

» Donné au palais de l'Élysée, le 30 mars de l'an 1813.

» Signé : NAPOLÉON.

» *Vu par nous, Archichancelier de l'Empire,*

» Signé : CAMBACÉRÈS.

» *Le Grand-Juge, Ministre de la justice.*

» Signé : LE DUC DE MASSA.

» Par l'Empereur.

» *Le Ministre Secrétaire d'État.*

» Signé : LE COMTE DARU. »

[1] Les titres suivants sont relatifs à la liquidation des exercices antérieurs à 1813. Leur reproduction est inutile.

Quelques mots pour préciser le caractère de cette loi.

Elle fut présentée au Corps législatif dans la séance du 11 mars, par M. le Ministre d'État. MM. le comte Molé, Bégouen et baron Louis, conseillers d'État, furent chargés de soutenir le projet. Elle fut discutée dans la séance du 20 mars, sur le rapport fait au nom de la Commission des finances, par M. le baron Lezurier de la Martel, président de la Commission, et elle fut votée en cette même séance à la presque unanimité des suffrages.

« Cette loi, avait dit le Rapporteur, fixe le tribut que » le Peuple français doit à la gloire du Trône et à la prospérité de l'Empire... Il est vrai, ajoute-t-il, que l'article 3 n'assure qu'une rente proportionnée au revenu » net des biens cédés, et qu'il peut résulter de la fixation » un désavantage pour quelques Communes; mais pour» quoi craindrions-nous de le dire? Ne parlons-nous pas » à des Français[1]?.... »

Nos pères ont entendu ces viriles paroles. Ils se sont levés et ont acquiescé avec patriotisme à cet appel de la France, en deuil de sa gloire et de ses enfants.

D'ailleurs, les pouvoirs publics ne voulaient violenter personne. Ils se contentaient de faire vibrer la fibre nationale au contact de récents désastres, et comptaient, pour tout réparer, sur l'irrésistible élan des cœurs. M. le comte Molé, orateur du Gouvernement, avait dit formellement, dans l'exposé des motifs de la loi: « Pour » arrêter la mainmise de l'Administration sur un im» meuble, il suffira de la simple déclaration de la Com-

[1] Extrait du *Moniteur*.

» mune, portant que cet immeuble est utile ou agréable » à la masse des habitants[1]... »

Chacun est donc libre de refuser son concours aux sacrifices que réclament les malheurs publics. Honneur à nos pères! Ils n'ont élevé aucune réclamation, et ont rempli, sans se plaindre, leurs patriotiques devoirs.

La vente des garigues communales de Poussan s'est opérée au nom de la loi. Je pourrais donc ne pas répondre à ceux qui voudraient infirmer la valeur de nos titres en les déclarant frappés d'un vice d'illégalité originelle. Mais j'ai entendu quelquefois faire à ce sujet une objection trop spécieuse et trop dangereuse à la fois, pour ne pas la réfuter ici.

« Ce que l'Empereur a fait, a-t-on dit, il peut bien » le refaire; ce que l'oncle a fait vendre, le neveu peut » bien le faire revendre.» (Textuel.)

Il est difficile de se faire une idée moins nette de la Puissance souveraine, et de lui faire plus cruellement injure, en voulant la flatter. Non, l'Empereur n'a pas la puissance que vous dites, et il ne voudrait l'avoir à aucun prix. Nul Souverain, dans tout le cours de notre histoire, qu'il fût Roi, Consul, Empereur, République, ne l'a eue, et nul n'a jamais voulu la prendre. C'eût été pour eux comme la robe de Nessus, et le manteau royal, imprégné du poison de la flatterie, eut bientôt brûlé l'imprudent qui eût osé en charger ses épaules, eût-il eu la toute-puissance d'Hercule.

Ah! c'est que toucher à la propriété privée, la prendre, la donner, la vendre, la revendre selon son bon plaisir, ce serait porter une main parricide aux as-

[1] Extrait du *Moniteur*.

sises mêmes de la société ; ce serait saper la base de son propre trône ; ce serait pour tous, Peuples et Souverains, la destruction, la ruine, la mort.

Dès que la propriété, quelque soit son origine ou son importance, est tombée légitimement dans le domaine privé, elle ne peut être enlevée à son propriétaire, contre son gré, que par le mode de l'expropriation forcée pour cause d'utilité publique, et qu'après l'entier accomplissement de toutes les formalités requises par la loi, pour former autour d'elle comme un inviolable abri.

Certes, s'il est une entreprise d'utilité générale et qui soit destinée à donner un essor immense à la prospérité publique dans nos pays, c'est le chemin de fer de Montpellier à Rodez. Il sera la voie de l'échange de nos produits avec ceux du centre de la France, et deviendra peut-être un jour tête de ligne d'un chemin direct de Paris à Montpellier. Il semble que, en présence d'une telle entreprise, l'État puisse faire abaisser les barrières légales et prendre aussitôt possession. Eh bien! il n'en est rien. Quand l'État a demandé une portion de nos garigues pour la construction de ce chemin, il en a usé envers elles avec ce même respect de la loi dont il use envers les immeubles de la plus grande valeur. Il n'est parvenu à se l'approprier que par l'unique voie ouverte pour forcer l'asile sacré de la propriété, par la voie de l'expropriation forcée pour cause d'utilité publique.

« Mais, ajoute-t-on, l'Empereur a bien touché au » droit de propriété en 1813, en faisant vendre les » propriétés communales : pourquoi ne pourrait-il y » toucher encore en les faisant revendre aujourd'hui? »

Je réponds qu'en fait l'Empereur n'a porté nulle atteinte à la propriété, puisque la Commune a acquiescé très-librement à la vente.

En droit, je dois dire que, dans tous les temps, quand il s'est agi de propriétés collectives, l'État s'est attribué une action qu'il n'a jamais exercée, et qu'il n'a jamais eu la prétention d'exercer, sur la propriété privée.

Je n'ai pas à discuter ici la valeur morale de cette ingérence ; je sortirais trop de mon cadre, et inutilement pour ma cause. Je constate simplement le fait, l'usage, la loi : *Dura lex, sed lex.*

Je dois ajouter pourtant que, comme si en usant d'un droit si redoutable en lui-même, et si périlleux dans son exercice, il craignait d'ébranler la pierre fondamentale de l'édifice social, l'Etat ne l'a presque jamais fait que dans les grandes crises nationales. Il n'a fallu rien moins que les nécessités irrésistibles du salut public, pour justifier en quelque sorte à ses yeux cette dérogation au principe vital de toute société, et l'autoriser à lui porter atteinte.

La situation de la France en 1813 ne légitimait que trop, hélas ! le recours à ces mesures exceptionnelles, et l'histoire dira à sa louange qu'elle ne s'y est décidée qu'après avoir reconnu l'impossibilité de trouver ailleurs les ressources nécessaires pour relever son prestige et rétablir sa puissance.

Je me suis arrêté assez, et trop longtemps peut-être, sur cette question de la légalité des actes de 1813 ; j'ai hâte de pénétrer au cœur même de mon sujet.

CHAPITRE III

SON OBJET

—

Extrait des Procès-Verbaux de vente des biens des communes, déposés aux Archives du Département

—

N° 209 de l'ajudication. — N° 19 de l'affiche.

BIENS PROVENANT DES COMMUNES

—

VENTE DES BIENS

APPARTENANT A LA CAISSE D'AMORTISSEMENT

qui sera faite aux enchères, conformément à la Loi du 20 mars 1813 et autres. relatives à la vente des domaines de l'État.

—

DÉPARTEMENT DE L'HÉRAULT. — ARRONDISSEMENT DE MONTPELLIER

COMMUNE DE POUSSAN

« L'an mil huit cent treize, et le onzième jour du mois d'octobre, à dix heures du matin, Nous, Préfet du Département de l'Hérault, en présence du Directeur des Domaines nationaux, avons annoncé que, en vertu des lois ci-dessus énoncées, il sera procédé à la réception des enchères pour la vente des biens ci-après désignés, indiqués par l'affiche du 24 septembre 1813, n° 19, laquelle a été bien et dûment publiée et apposée dans les lieux prescrits par la loi, suivant les certificats rapportés.

» Les garigues et vacants situés dans le territoire de la Commune de Poussan, savoir : à la section B, dite Saint-Cléophas, confrontant de l'ouest les garigues de Bouzigues et Loupian, et des autres parts les garigues ; à la section C, dite de la Combe, confrontant de l'ouest les garigues de Loupian, le domaine de Veyrac et les garigues de Villeveyrac, et des autres parts les garrigues ; à la section D, dite de la Matte, confrontant du nord les garigues de Villeveyrac, le mas de Barral, celui d'Antonègre et Montbazin, et des autres parts les garigues ; à la section E, dite du Mas-Blanc, confrontant du nord le mas d'Antonègre, et des autres parts les garigues de Montbazin ; de contenance le tout de treize cent soixante-dix-huit arpents cinquante-huit perches trente-neuf mètres (six mille six cent soixante-neuf sétérées douze dextres) ; affermé au sieur Jalabert, par bail du 6 mai 1810, moyennant le prix annuel de deux mille trois cent cinquante francs ; à distrairé le cinquième, représentant les contributions, reste un revenu net de la somme de dix-huit cent quatre-vingts francs, formant une première mise à prix de trente-sept mille six cents francs.

» Lesdits biens seront adjugés au plus offrant et dernier enchérisseur, sous les conditions ci-après, sauf le renvoi à une quinzaine, s'il y a lieu.

CONDITIONS GÉNÉRALES

ARTICLE PREMIER

« La Caisse d'amortissement ne garantit que les tenants et aboutissants du bien vendu, et non sa consistance ni ses produits; c'est aux acquéreurs à prendre connaissance du bien avant de se présenter aux enchères.

2

» Les biens ruraux, ainsi que les usines, maisons et bâtiments, sont vendus francs de toutes dettes, rentes foncières ou constituées et hypothèques.

3

» La vente sera faite aux enchères, suivant les formes prescrites par la Loi du 16 brumaire an V.

4

» La première mise à prix des biens fonds ruraux est fixée à vingt fois le revenu, et à quinze fois pour les maisons, bâtiments et usines. Les baux desdits biens serviront de règle à cet égard. Si le revenu ne peut être établi d'après les baux, ou les registres de recette des Communes, les biens seront évalués d'après une expertise.

5

» Suivant l'article 22 de la Loi du 16 brumaire an V, il est défendu aux acquéreurs des maisons, bois futaies et bois taillis, de faire aucunes coupes ou démolitions, avant d'avoir soldé le prix entier la vente; et ce à peine d'exigibilité de ce qui restera dû, à moins qu'ils en aient obtenu l'autorisation, à la charge de donner bonne et suffisante caution. Ils seront, en outre, tenus de représenter la quittance du payement du premier sixième, dont il est parlé ci-après, au Receveur des Domaines de la situation du bien, avant de pouvoir faire aucun acte de propriété.

6

» Le prix de la vente sera acquitté en numéraire ou en bons de la Caisse d'amortissement, savoir : un sixième dans les vingt jours de l'adjudication, un second sixième dans les trois mois de l'adjudication, et les deux autres tiers d'année en année, à compter de l'échéance du second sixième, avec intérêts à cinq pour cent par an, tant du premier et du second sixième que des deux autres tiers, à partir de l'adjudication, de manière que le prix de la vente soit acquité en entier dans vingt-sept mois à compter de sa date. Ledit prix de vente sera versé dans la caisse du Receveur des domaines à Mèze.

7

» Les adjudicataires seront tenus de payer le droit d'enregistrement, dans les vingt jours de l'adjudication, à raison de deux pour cent, ainsi que le droit du timbre de la minute et de l'expédition ; tous autres frais de vente demeurant à la charge de la Caisse d'amortissement. Les frais relatifs au cautionnement, dont il est question aux articles 5 et 15, seront aussi à leur charge, s'ils sont exigés.

8

» Les payements seront poursuivis et recouvrés en vertu du procès-verbal d'adjudication.

9

» Les acquéreurs seront admis à anticiper leurs payements ; les intérêts à leur charge cesseront de courir du jour d'un payement anticipé, comme de celui d'un payement fait à échéance.

10

» Les payements pourront être faits à la caisse de service, à Paris, ou aux mains des Receveurs généraux, comme en celle du Receveur de Mèze.

11

» Les rescriptions ou mandats délivrés aux acquéreurs par la Caisse de service, ainsi que les récépissés des Receveurs généraux, seront remis, pour comptant, par les acquéreurs audit Receveur.

12

» Les acquéreurs ne seront reconnus parfaitement libérés que tout autant qu'ils auront fait arrêter leur décompte définitif par l'Administration des Domaines, conformément à l'Arrêté du Gouvernement du 4 thermidor an II et du Décret du 22 octobre 1808, et qu'ils seront porteurs d'un quitus définitif, délivré à suite dudit décompte par le Directeur.

13

» Les acquéreurs en retard de payer, aux termes ci-dessus fixés, demeureront déchus de plein droit si, dans la quinzaine de la contrainte à eux signifiée, ils ne se sont pas libérés. Ils ne seront pas sujets à la folle enchère, mais ils seront tenus de payer, par forme de dommages-intérêts, une amende égale au dixième du prix de l'adjudication, dans le cas où ils n'auraient fait encore aucun payement, et au vingtième s'ils ont délivré un ou plusieurs à-compte, le tout sans préjudice de la restitution des fruits.

14

» Dans le cas de la déchéance des acquéreurs, la Caisse d'amortissement ne sera pas tenue de maintenir les taux qu'ils auront consentis à un prix inférieur à celui des précédents.

15

» Les adjudicataires, leurs commands ou amis, dont la solvabilité ne sera pas notoirement connue, seront tenus de présenter bonne et suffisante caution, pour sûreté du prix de la vente.

16

» Les fonds ruraux, bâtiments et usines, possédés par indivis, et qui seront reconnus n'être point susceptibles de partage, seront vendus en totalité, d'après les mêmes formes et aux mêmes conditions que ceux qui appartiennent à la Caisse d'amortissement, sans part d'autrui; et les propriétaires par indivis percevront aux échéances leur portion dans le prix et seront tenus de payer leur cote-part des frais de vente entre les mains du Receveur qui en aura fait l'avance.

17

» Tout adjudicataire pourra, dans les trois jours de l'adjudication, faire sa déclaration d'ami ou de command aux termes de la loi précédente, sans que la personne en faveur de laquelle cette déclaration sera faite soit tenue en un droit d'enregistrement autre que celui qu'aurait payé l'adjudicataire lui-même. Cette déclaration ne pourra avoir lieu qu'au profit d'un seul individu.

18

» Les fermages du bien vendu seront acquis à l'adjudicataire proportionnellement et à compter du jour de l'adjudication. Il aura contre les fermiers l'action en résiliation que les Lois, et notamment celle du 15 frimaire de l'an II, donnent aux acquéreurs, sans pouvoir néanmoins requérir aucune indemnité ou diminution de prix, dans le cas où les fermiers auraient payé d'avance un ou plusieurs termes à imputer sur les derniers mois du bail. (Lettre de Son Exc. le Ministre des finances du 8 vendémiaire an VI, confirmée par celle du 2 brumaire an VII.)

19

» La contribution foncière de l'objet vendu sera à la charge de l'acquéreur, à compter du jour de son adjudication, et l'expédition entière de l'acte d'adjudication ne lui sera délivrée qu'après qu'il aura justifié, par un certificat de la Mairie, qu'il a fait la déclaration de la nature et de la contenance de l'immeuble à lui vendu, afin que ledit immeuble se trouve compris, sous le nom du nouveau propriétaire, dans les États de section, et par suite au Rôle de la Contribution foncière pour l'année courante. (Lettre de Son Exc. le Ministre des finances des 26 pluviôse an VI et 2 brumaire an VII.)

20

» Ne seront pas admis à enchérir : 1° ceux qui ne justifieront pas d'un domicile certain et d'une contribution directe, foncière et mobilière, au lieu de leur domicile, ou qui, à défaut de cette justification, ne déposeront pas entre les mains du Secrétaire de la Préfecture le premier terme du payement, d'après la mise à prix; 2° ceux qui, s'étant rendus adjudicataires des biens nationaux, n'ont pas acquitté les termes échus, ou qui, ayant déjà subi l'événement d'un folle enchère, n'auront pas payé depuis les sommes dont ils sont restés débiteurs; 3° les particuliers étant manifestement en état d'ivresse.

21

» Les enchères seront de cinq francs, lorsque l'objet sera de plus de cent francs; de vingt-cinq francs, au-dessus de mille francs, et enfin de cent francs, lorsque l'objet dépassera dix mille francs. Si la mise à prix présente des centimes, le premier enchérisseur sera tenu de comprendre dans son offre ce qui manquera pour compléter le franc.

CONDITIONS PARTICULIÈRES

» L'acquéreur ne pourra point s'opposer à ce que les habitants de la Commune de Poussan exercent le droit de lignerage sur le bien vendu, lequel droit leur est expressément réservé. En outre, il sera tenu de se conformer avec exactitude aux dispositions de l'Arrêté de M. le Préfet du 29 septembre 1813, dont il lui sera remis une expédition en forme, avec celle du Procès-Verbal de vente.

» Lecture faite des conditions ci-dessus énoncées, nous avons provoqué les offres des personnes présentes, sur la somme de trente-sept mille six cents francs, et de suite il a été allumé un premier feu, pendant la durée duquel le sieur Maury a offert trente-huit mille sept cents francs, le sieur Privat a offert quarante mille francs.

» Pendant le second feu, le sieur Maury a offert quarante-deux mille cent francs, le sieur Privat a offert quarante-cinq mille francs.

» Pendant le troisième feu, le sieur Maurin a offert cinquante mille francs, le sieur Privat a offert cinquante mille trois cents francs.

» Il a été allumé un quatrième feu, lequel s'étant éteint sans qu'il ait été fait aucune enchère, nous avons adjugé au sieur Michel Privat, négociant, domicilié à Mèze, comme dernier enchérisseur, pour lui ou son ami élu ou à élire, les biens désignés en l'affiche et au présent Procès-Verbal, pour le prix et somme de cinquante mille trois cents francs, aux clauses, charges et conditions portées par ledit Procès-Verbal, et prescrites par les Lois, que ledit sieur Privat a déclaré bien connaître.

» *Signé :* NOGARET, PRIVAT, MARCEL, BOUGETTE, Secrétaire général.

» Enregistré à Montpellier, le 25 octobre 1813, f° 59, v°, c. 3 et 4. Reçu onze cent six francs soixante centimes.

» *Signé :* FUGIER. »

» Collationné sur l'original déposé à la Préfecture de l'Hérault, par nous, Conseiller de Préfecture, secrétaire général.

» Montpellier, le 15 septembre 1842.

» *Signé :* LAMBERT.

» Vu par l'archiviste,
» *Signé :* THOMAS.»

Extrait des actes déposés aux Archives de la Préfecture de l'Hérault.

—

» Le Préfet du Département de l'Hérault :

» Vu les propositions qui nous ont été faites par le Directeur des Domaines nationaux à Montpellier, suivant la lettre du 21 du présent mois,

» Arrête ce qui suit :

ART. 1er

» Les acquéreurs des garigues, pâtus, hermes, vacants et autres lieux ci-devant communaux, à raison desquels le droit de lignerage aura été réservé en faveur des habitants, ne pourront point changer la destination desdits biens ni les défricher, afin de ne point porter atteinte au droit réservé.

» La réserve de ce droit sera nécessairement stipulée dans le procès-verbal d'adjudication.

ART. 2

» Lorsque cette réserve n'aura pas lieu, et qu'il n'en sera fait aucune mention dans le procès-verbal d'adjudication, les acquéreurs pourront jouir de leur propriété comme ils l'entendront, et y faire les défrichements qu'ils jugeront convenables.

ART. 3

» Dans l'un et l'autre cas, ils seront tenus de donner passage aux habitants et à leurs bestiaux par les chemins et drailles usités, sans pouvoir prétendre à aucun dommage ; ils seront également tenus de donner passage aux possesseurs des propriétés enclavées dans les biens vendus, sans pouvoir prétendre à aucune indemnité de la part de ces derniers, ni à aucune diminution de prix de la part de la Caisse d'amortissement.

ART. 4

» En cas de contestation sur l'existence ou la nécessité des chemins de passage, il sera statué définitivement par l'Autorité administrative ; mais les actions en dommages et en contravention seront encore comme de droit portées devant les Tribunaux.

ART. 5

» Tous les terrains défrichés jusques au jour de l'adjudication, soit que les détenteurs aient été mis en possession provisoire conformément à la Loi du 9 ventôse an XII, soit que lesdits terrains soient affermés, soit qu'ils soient jouis par des détenteurs illégitimes, sont expressément exceptés des adjudications, et la vente en sera faite séparément, à moins que ce ne soit expliqué différemment dans le Procès-Verbal d'adjudication.

ART. 6

» Il sera fait mention, le cas y échéant, que l'acquéreur sera soumis à se conformer aux dispositions du présent arrêté.

» Fait à Montpellier, le 29 septembre 1813.

NOGARET, *signé.*

» Collationné sur le registre des Arrêtés des Préfets ; déposé aux Archives de la Préfecture de l'Hérault, par nous, Conseiller de préfecture, Secrétaire général délégué.

» Montpellier, le 15 septembre 1842.

» *Signé :* LAMBERT.

» Vu par l'Archiviste,
» *Signé :* THOMAS. »

La Commune de Poussan a donc cédé en vertu de la Loi ses garigues à la Caisse d'amortissement. Celle-ci se substitue la Régie des Domaines, pour opérer la vente en son nom. Elle n'en reste pas moins acquéreur à l'égard de la Commune, vendeur à l'égard de M. Privat, et partant elle est tenue de remplir les obligations correspondant à ce double caractère: comme vendeur, à la délivrance et à la garantie de l'objet vendu[1]; comme acquéreur, au payement du prix[2].

Comment s'est-elle acquittée de cette double obligation ?

Quant à la délivrance et à la garantie de l'objet vendu, remarquons bien que nous sommes ici en présence de la vente ordonnée par l'article 4 de la Loi du 20 mars 1813. Il s'agit bien d'une vente d'immeubles, c'est-à-dire d'un acte translatif de la propriété, moyennant le payement d'un prix déterminé [3].

Elle est faite sous certaines réserves, sans doute; mais son objet est bien l'immeuble, le fonds lui-même, et elle n'embrasse pas moins tous les droits que la propriété confère sur l'immeuble, tant qu'ils seront compatibles avec ces réserves, et que l'exercice ne portera point atteinte à ces dernières.

L'hésitation, le doute, ne sont pas possibles sur ce point.

L'intitulé du titre Ier de la Loi du 20 mars parle d'*aliénation de biens,* celui du Procès-Verbal, de la

[1] Le vendeur a deux obligations principales, celle de délivrer et celle de garantir la chose qu'il vend. (Art. 1603 du Code Napoléon.)

[2] La principale obligation de l'acheteur est de payer le prix au jour et au lieu réglés par la vente. (Art. 1650 du Code Napoléon.

[3] La vente est une convention par laquelle l'un s'oblige à livrer une chose, et l'autre à la payer. (Art. 1582 du Code Napoléon.)

vente de biens ; les mots *vente, biens fonds, contenance, acquéreurs, propriétaires,* figurent à chaque ligne des CONDITIONS GÉNÉRALES, et ces termes ne peuvent être entendus que pour y désigner des acquisitions d'immeubles. L'article 16 s'occupe nommément des *biens fonds possédés par indivis;* l'article 19, au sujet de la *Contribution foncière* due par l'immeuble vendu, énonce les mesures à prendre pour que *le nom du nouveau propriétaire* soit substitué à celui de l'ancien sur le Rôle de l'année courante ; d'autres contiennent des prescriptions extrêmement rigoureuses pour l'entier acquittement du prix, capital et intérêts, qui ne laissent pas supposer que l'on pensât à un autre objet qu'au prix d'un immeuble ; l'article 2, enfin, reproduisant l'article 6 de la Loi du 20 mars, exige que les Communes désintéressent les créances hypothécaires reposant sur les biens vendus. Comment la Loi aurait-elle songé à imposer une telle obligation aux Communes, si les immeubles vendus étaient demeurés leur propriété? La prescription eût été inutile; mais les immeubles sur lesquels reposaient les hypothèques des créanciers allant passer en des mains tierces, et la Caisse d'armortissement étant obligée, en qualité de vendeur, à garantir les acquéreurs contre tout trouble ou éviction (art. 1625 C. Nap.), la Loi devait forcément obliger les Communes à faire radier les hypothèques qui pouvaient grever leurs immeubles. Encore une fois, aurait-on songé à ces mesures si les garigues avaient dû rester, après la vente, la propriété des Communes?

De droit de pacage, de jouissance, il n'en est question nulle part : pas un mot qui dise qu'on y ait pensé, pas un mot qui le laisse supposer ; et pourtant il n'est pas d'erreur plus universellement répandue dans la Commune, que celle qui consiste à croire que c'est la simple jouissance, le droit de pacage, qui ont été seuls l'objet de la vente de 1813.

Comment cette erreur si grossière, si radicale, a-t-elle pu se produire et s'universaliser pour ainsi dire?

Je ne puis le comprendre, et ne puis l'expliquer que par des hypothèses. Les garigues étaient affermées en 1813; le dernier bail à ferme prenait fin le 22 septembre 1813; l'acquéreur se substitua au fermier, dès le jour de la vente, le 11 octobre suivant. Le mode de jouissance ne changea pas pour les habitants. Dès lors, dans l'ignorance où l'on était des actes et enchères faits en l'hôtel de la Préfecture, à Montpellier, quelqu'un aura peut-être conclu, de ce simple fait d'une même jouissance, que M. Privat n'avait acheté que le droit de pacage, et la crédulité publique, sans y regarder de plus près, est allée répétant depuis lors cette fausse opinion [1].

Peut-être aussi quelques-uns, se croyant plus avisés, mais guère mieux instruits, ont-ils argué de l'article 1er de l'Arrêté préfectoral du 29 septembre 1813, pour accréditer et soutenir cette erreur. Nous discuterons ci-après la portée de cet article, et nous verrons combien il est radicalement impossible de s'en autoriser à ces fins.

[1] Il est fait mention, il est vrai, du fermage des garigues dans le Procès-Verbal de l'adjudication. Mais, qu'on veuille bien le remarquer, c'est dans l'unique but de montrer la concordance établie entre la mise à prix des biens vendus (trente-sept mille six cents francs) et le montant du fermage (dix-huit cent quatre-vingts francs net), conformément à l'article 4 des CONDITIONS GÉNÉRALES, qui exige qu'elle soit de vingt fois le revenu.

Quoi qu'il en soit, après la lecture des pièces officielles que j'ai citées, le doute n'est plus possible. Ce n'est pas seulement la jouissance, le droit de pacage, que la Commune a vendu en 1813 : non, c'est le plein et entier droit de propriété, sauf les réserves stipulées en l'acte. Pour les yeux les moins attentifs, ce point doit avoir acquis le caractère de l'évidence la plus absolue. Elle ressort du texte entier de la Loi et du Procès-Verbal de la vente.

Insister davantage sur ce point serait presque faire injure à ceux qui me feront l'honneur de me lire. Mais on devine quelles conséquences de fait et de droit a dû produire une erreur aussi fondamentale. J'aurai à m'occuper de quelques-unes de ces conséquences dans le cours de ce travail.

CHAPITRE IV

LES RÉSERVES

—

La Caisse d'amortissement a délivré l'immeuble vendu, elle l'a garanti contre toute éviction en faisant désintéresser les créanciers hypothécaires, elle a stipulé seulement, au nom de la Commune, les réserves suivantes : 1° droit de passage pour les habitants et leurs bestiaux par les chemins et drailles usités ; 2° droit de passage pour les possesseurs de propriétés enclavées dans les biens vendus; 3° droit de lignerage sur le bien vendu, pour tous les habitants de la commune.

ARTICLE Ier

Droit de passage dans les chemins et drailles usités

Je n'ai pas ouï dire qu'il se soit jamais produit des difficultés touchant cette première réserve. Je ferai observer seulement que les bergers ne peuvent pas arguer de leur droit de passage dans les drailles usitées, pour y faire paitre leurs bestiaux *à bâton planté.*

ARTICLE II

Droit de passage pour les enclaves.

Pas de difficultés sur ce second point ; les possesseurs d'enclaves doivent toutefois se conformer aux prescriptions de l'article 683 du Code Napoléon[1], pour la direction à donner à ces chemins, et, cette direction décidée, le chemin fait, ils ne peuvent pas en faire de nouveaux, sans une entente préalable avec le propriétaire.

Ces remarques, je ne les fais, du reste, qu'en examinant la question au point de vue du droit. En fait, je ne m'adresse à personne. Je ne me suis proposé, en écrivant ces pages, qu'un but : *unir les hommes par la vérité et réconcilier les intérêts par la justice,* résoudre pour tous les gens impartiaux, et par les données seules du bon sens et de l'équité naturelle, les principales difficultés qui ont été soulevées autour de la question des garigues, sans faire le procès de personne. Je ne crois pas avoir enfreint jusqu'ici cette règle, et j'espère aller jusqu'au bout sans y manquer.

ARTICLE III

Droit de lignerage

J'arrive enfin au droit de lignerage. Examinons de

[1] Le passage doit régulièrement être pris du côté où le trajet est le plus court, du fonds enclavé à la voie publique. (Art. 683 Cod. Nap.)

près cette arme inoffensive, dont certains auraient voulu faire un levier pour soulever et bouleverser le Monde économique de la Commune.

Quel est son objet, son étendue, son importance, son mode d'exercice? quelles conséquences peut-il produire? tel est le cadre de mon travail.

§ Ier. — Son Objet

Le droit de lignerage consiste dans la faculté de prendre, pour les besoins de son ménage, les bois morts, secs et traînants. C'est une simple servitude dont est grevé le fonds, qui appartient en pleine propriété aux adjudicataires des garigues.

Il ne s'est pas élevé, je crois, de contestations relativement à cette manière de le comprendre. Si, en effet, la Commune avait réservé en faveur des habitants, soit le droit de prendre des bois secs ou morts, quoiqu'ils fussent encore sur pied, ce que l'on appelle en termes forestiers *droit de bois-mort,* soit celui de couper ou arracher diverses essences, ce qu'on appelle *droit de mort-bois,* soit d'autres droits encore, au lieu d'employer la locution : *droit de lignerage,* on se serait servi dans l'acte de vente des locutions correspondant aux unes ou aux autres de ces facultés.

Le doute d'ailleurs n'est pas permis relativement aux intentions du rédacteur de l'Acte de vente de 1813. La définition, que j'ai donnée, est rapportée textuellement dans un Arrêté rendu par le même Préfet qui a présidé à la vente de nos garigues, M. Nogaret, dans les circonstances suivantes :

Nous étions en 1804. L'idée qui a amené la vente de

nos garigues n'était encore venue à l'esprit de personne. Les habitants des Communes jouissaient sur leurs communaux des droits que la coutume ou l'usage leur avaient reconnus de temps immémorial. La longue durée de pluies diluviennes avait raréfié le travail et diminué l'aisance publique; chacun faisait *flèche de tout bois* (passez-moi l'expression, qui est vraie à la lettre) pour se procurer les moyens de vivre.

Les habitants de Frontignan allaient dans les garigues communales, non-seulement prendre du bois pour leur usage personnel, mais encore en arracher pour le porter hors la Commune et le vendre. Le Maire prend un Arrêté pour les empêcher de trafiquer des bois de leurs Communaux hors la Commune, leur permettant seulement d'en arracher pour leur usage.

Le Préfet casse la décision du Maire et lui répond par l'Arrêté suivant :

Préfecture de l'Hérault. — Archives départementales

ARRÊTÉS PRÉFECTORAUX, n° 9221

« Le Préfet du département de l'Hérault, vu la présente délibération[1],

» Considérant *que la faculté de lignerage dans les garigues et biens communaux ne s'étend point jusqu'à arracher les racines, mais seulement à prendre les bois secs et traînants sans pouvoir se servir de serpes, haches, scies ou cognées, à peine de cent francs d'amende et de perte des droits en cas de récidive, d'après l'Ordonnance de* **1669** ;

[1] L'arrêté du Maire.

» Considérant que l'entreprise d'arracher les racines empêche entièrement la reproduction du bois, et que, dans ce temps de disette et de cherté excessive du bois, il importe de prendre des mesures pour arrêter le cours de ces entreprises,

» ARRÊTE :

» 1° Il est défendu à tout particulier d'arracher, dans les garigues et communaux de Frontignan, les racines des arbres et arbrisseaux, à peine d'être poursuivi correctionnellement pour l'application des peines portées par l'ordonnance de 1669, sauf aux habitants de ladite Commune à user de la faculté de lignerage *pour les besoins de leur ménage seulement, sur les bois secs et traînants, sans pouvoir néanmoins se servir de serpes, haches, scies ou cognées, à peine de **100** fr. (cent francs) d'amende et de perte de leurs droits en cas de récidive*, conformément à ladite Ordonnance.

» 2° Le maire de Frontignan est chargé de l'exécution du présent Arrêté, qui sera publié et affiché, afin que personne n'en prétende cause d'ignorance.

» Fait à Montpellier, le quatre frimaire an XII.

» NOGARET, signé.

» Par le Préfet, le Secrétaire général,

» BOUGETTE, signé [1]. »

[1] Extrait de l'intéressante brochure de M. Munier, suppléant de la justice de paix du canton de Frontignan, intitulée : *de l'Exercice et de l'Abus des droits de lignerage et de chasse dans les garigues du canton de Frontignan.*

J'avais donc bien raison de dire que le doute même n'était pas permis. Prendre le bois mort, sec et traînant, tel est donc l'objet du droit de lignerage.

§ II. — Son Étendue

Ne prendre de ce bois que la quantité nécessaire à son usage personnel, sans jamais pouvoir faire *métier et marchandise de bois*, parce que l'usage *est supposé accordé au besoin personnel* et ne peut être destiné à entrer dans le commerce, qui n'est autre chose qu'une aliénation par échange d'argent ou d'autres denrées[1] : tel est son étendue.

§ III. — Son Mode d'exercice

Quant à son mode d'exercice, on peut en user en tout temps et comme l'on veut, par opposition aux autres droits dont j'ai parlé, pour l'exercice desquels la délivrance de la part du propriétaire est indispensable. Cela dérive de la nature même des choses. Seulement il n'est pas permis de se servir de serpes, haches, scies, cognées[2]. C'est une conséquence toute naturelle de la définition même du droit de lignerage.

[1] Ordonnance de 1669, confirmée par l'article 83 du Code forestier : « Il est interdit aux usagers de vendre ou d'échanger les bois qui leur sont délivrés...» S'il s'agit de bois de chauffage, la contravention donnera lieu à une amende de 10 à 100 fr.

[2] Arrêté préfectoral cité plus haut. Article 80 du Code forestier : «Ceuxqui n'ont d'autre droit que celui de prendre le bois mort, sec et gisant, ne pourront, pour l'exercice de ce droit, se servir de crochets ou ferrements d'aucune espèce, sous peine de 3 fr. d'amende.»

§ IV. — Son Importance

Elle varie évidemment suivant l'importance et la richesse forestière des bois ou garigues sur lesquels le droit s'exerce.

Elle est fort grande dans les forêts complantées d'arbres de *haute futaie*, c'est-à-dire d'arbres destinés à être coupés lorsqu'ils ont atteint toute leur croissance, pour fournir les bois propres aux constructions et à la marine. Chaque futaie qui tombe sous la hache laisse après elle une traînée de bois mort fort considérable.

Elle est grande encore dans les *bois taillis parsemés de futaies*, c'est-à-dire d'arbres de la catégorie précédente, réservés dans les coupes des taillis.

Elle est encore appréciable, quoique bien moindre, dans les *bois taillis*, complantés d'arbres destinés à fournir le bois de chauffage ou de charronnage, et que l'on coupe à l'âge de 15 à 20 ans, avant qu'ils aient acquis leur entier développement. Chaque coupe, comprenant un très-grand nombre de pieds, laisse après elle de nombreux débris, bien précieux pour les usagers.

Dans les Communaux, comme étaient ceux de Poussan en 1813, comme sont encore aujourd'hui nos garigues, où l'on ne rencontre que de loin en loin quelques chênes verts rasant le sol, où l'on ne voit partout que le chêne nain, dit *kermès*, dont les jeunes pousses constituent la principale nourriture de nos bêtes à laine, et tombent tous les ans sous leur dent avide, où l'on ne trouve, enfin, en abondance, que le thym, le romarin, la lavande; dans ces Communaux, dis-je, l'importance du droit de lignerage est extrêmement réduite; elle est insignifiante, presque illusoire, a dit un magistrat [1]. En effet, là où il n'y a rien à prendre, le Roi perd ses droits.

L'Administration supérieure vient, du reste, de consacrer récemment la justesse de cette appréciation. Un habitant de la Commune avait écrit à M. le Préfet une lettre, en date du 16 janvier 1868, où il se « plaignait » de l'abandon fait à la Compagnie du Midi du droit » de lignerage sur les parties de garigue traversées » par le Chemin de Fer de Montpellier à Rodez [2]. »

Il a été répondu, à la date du 4 avril 1868 :

« ..... Que le droit de lignerage, qui aurait été sa- » crifié dans cette circonstance, consiste seulement en » la faculté de ramasser le bois sec mort, sans emploi » de la serpe ni d'aucun instrument tranchant, et que » l'indemnité obtenue de la Compagnie, si minime » qu'elle soit, est proportionnée au préjudice éprouvé, si » préjudice il y a. »

Or veut-on savoir quelle était, pour la Compagnie du Midi, la valeur représentative dudit droit ? Elle était nulle. Mais, comme la Loi lui impose l'obligation de faire à tout exproprié une offre d'indemnité, minime soit-elle, par respect pour le droit, elle a offert à la Commune un franc. Un franc pour neuf hectares environ de terrains incorporés : l'offre est dérisoire, j'en conviens ; mais comment se plaindre, si elle est juste ?

[1] M. Munier.

[2] Je dois dire, en passant, que les propriétaires des garigues avaient dénoncé, par huissier, conformément à la loi de 1841, à la Compagnie du Chemin de fer du Midi, l'existence de la servitude de lignerage, et que la Compagnie avait compris la commune de Poussan parmi les expropriés.

L'Administration supérieure, interrogée, a répondu qu'il n'y avait pas lieu de se plaindre.

§ V. — Ses Conséquences.

Voyons maintenant quelles sont les conséquences du droit de ligneraage. Elles embrassent les obligations et les droits des usagers et des propriétaires, d'abord eu égard à l'exercice du droit, ensuite eu égard à ses divers modes d'extinction.

Si les immeubles dont il s'agit étaient régis par le droit commun, les articles 697 et suivants du Code Napoléon me fourniraient les réponses aux questions que je viens de poser. Mais ils sont, au contraire, soumis au régime forestier (propriétaires, usagers, Administration supérieure, sommes unanimes à le reconnaître), et l'article 636 du Code Napoléon dit : « L'usage des » bois et forêts est réglé par des lois particulières. » Je dois donc tenir compte, dans mes réponses, des prescriptions du Code forestier qui pourraient modifier les préceptes du droit commun.

A. — Conséquences eu égard à l'exercice du droit.

I. — Les obligations des usagers sont précises. Elles résultent de ce que j'ai dit de l'objet, de l'étendue et du mode d'exercice de leur droit. « Ils ne peuvent user que suivant leur titre, sans pouvoir faire de changement qui aggrave la condition du fonds grevé. » (Art. 702 Cod. Nap.)

Le bois mort, sec et trainant, voilà la part du droit.

Tout le reste, bois, garouilles, thym, romarin, et, à plus forte raison, sable, terres et pierres, relève du droit des propriétaires. Il a dû toujours compter avec ce dernier, et, de fait, chaque fois que quelqu'un s'est permis de l'enfreindre, il a été rappelé à ses devoirs, forcé de reconnaître le droit du propriétaire, et condamné à réparer les dommages dont il avait pu se rendre coupable.

C'est que tout cela tombe sous le coup de l'art. 702, et constitue, à des degrés différents, des aggravations de conditions pour le fonds grevé, et l'article 144 du Code forestier a formellement interdit ces aggravations de condition. Il est ainsi conçu : « Toute extraction » ou enlèvement non autorisé de pierre, sable, minerai, » terre, gazon, tourbe, bruyère, genêts, herbages, » feuilles vertes ou mortes, engrais existant sur le sol » des forêts, glands, faînes et autres fruits ou semences » des bois et forêts, donnera lieu à des amendes qui » seront fixées ainsi qu'il suit : par charretée ou tom- » bereau, de dix à quinze francs pour chaque bête atte- » telée ; par chaque charge de bête de somme, de cinq » à quinze francs ; par chaque charge d'homme, de deux » à six francs. »

Je ne parle pas de l'action de défricher une portion quelconque, quelque exiguë qu'elle fût, du sol des garigues ; de l'agrandissement d'une enclave aux dépens du sol grevé, par suite de réparations ou changements de murs, sous le prétexte que le sol incorporé est d'une valeur des plus minces. Ces actes ne relèvent des droits de personne; ils constituent des délits aussi formels que ceux que commettraient des individus qui voudraient s'approprier, par la culture, des lopins situés dans les parties les plus fertiles du territoire de la Commune, dans la riche vallée, par exemple, qui s'étend du *Mas-Blanc* à *Valaury*, ou dans les magnifiques plaines des

Condamines ou des Moulières. A ce titre, ils doivent être poursuivis et punis comme ces derniers le seraient, si quelqu'un était assez osé pour les commettre.

Et qu'on ne dise pas : « Ces terres ont été achetées à » vil prix et sont encore, en l'état, d'une valeur bien » médiocre ; entre les mains des habitants de la Com- » mune elles acquerraient, par le défrichement, une va- » leur bien plus grande ; la Commune, l'Etat, les pro- » priétaires eux-mêmes, tous y gagneraient. On ne s'en » saisirait pas, en effet, sans les avoir payées, et, pour » décider les propriétaires à les céder, on ne craindrait » pas de les leur payer à un prix beaucoup plus élevé » que leur valeur vénale, car, avant tout, on veut res- » pecter les lois d'une vulgaire honnêteté. »

Remarquons d'abord que les garigues, loin d'avoir été vendues à vil prix, ont été achetées par M. Privat à un prix en harmonie avec la valeur des terres en 1813, et qu'elles ne pouvaient lui rapporter que 3 $^{3}/_{4}$ $^{0}/_{0}$, alors que le 5 $^{0}/_{0}$ était coté 75 fr., et rapportait un intérêt de 6 fr. 66.

Depuis lors leur valeur a subi, comme celle de tous les immeubles de la région, une augmentation qui peut être estimée à quatre ou cinq fois leur valeur primitive. Mais peu importe leur valeur actuelle : pour décider les propriétaires à les vendre, on leur proposerait de les leur payer à un taux encore plus élevé.

Fort bien, si les propriétaires acceptent le marché ; mais ils sont maîtres chez eux, comme Naboth l'était, il y a trente siècles, dans sa vigne ; comme le meunier l'était à Sans-Souci, sous Frédéric II ; comme chacun l'a été, l'est et le sera toujours, sur le tout petit coin de ce globe où il aura posé la tente de sa vie, en disant :

« Ceci m'appartient légitimement », et nul pouvoir en ce monde, Peuple ou Roi, n'aura le droit d'y toucher, car Dieu lui-même a clos, de toute éternité, cet héritage d'une barrière infranchissable, sur laquelle il est écrit : « Le bien d'autrui tu ne prendras. »

Ils sont donc maîtres chez eux, et ils n'acceptent pas. Usera-t-on de violence et les dépouillera-t-on malgré eux ?

Dieu me garde de penser à mon pays en posant une pareille question ! Je connais trop ses vertus solides, son amour de l'ordre, son respect pour les droits de tous, son culte pour la justice, légitime corollaire du soin jaloux que chacun met à défendre ses intérêts, pour lui faire une pareille injure.

Mais, poursuivant mon hypothèse, il me sera bien permis de dire :

Prenez garde, nous sommes ici sur des charbons ardents : cette fièvre immodérée d'enrichissement, qui veut se couvrir de l'intérêt général et qui cherche à s'abriter derrière des tendresses étranges pour le Fisc, veut dévorer nos terres aujourd'hui ; demain elle dévorera les vôtres, et le fruit de vos sueurs passera en des mains étrangères. Quelqu'un viendra qui vous dira : « Votre terre des *Condamines* ne vous donne que de » maigres revenus, votre maison ne vous rapporte rien ; » en mes mains, tout va changer de face, les revenus » vont tripler. Je vous payerai néanmoins la valeur de » vos immeubles, parce que je veux rester honnête » homme ; mais, que vous le vouliez ou non, je m'en em- » pare. » Comment accueillerez-vous ce personnage ? Je l'ignore ; mais bien certainement vous le mettrez hors d'état de nuire, et vous ferez bien. Vous aurez bien mérité de vous-même et de la société entière. En effet, si la propriété individuelle, fût-elle d'infime valeur, pourvu qu'elle ait été légitimement acquise, n'était pas sacrée partout et toujours, le monde ne serait qu'un chaos, où tout appartiendrait au plus habile ou au plus fort, et où les hommes se battraient, comme a dit Napoléon Ier, pour la plus belle femme ou la plus belle poire. L'Ange de la Mort régnerait seul sur notre planète désolée, et je ne doute pas que personne au monde veuille être jamais le témoin d'un pareil spectacle.

II. — Je passe aux obligations des propriétaires. Elles sont fixées par l'article 701 du Code Napoléon, qui dit : « Le propriétaire du fonds débiteur de la servitude ne » peut rien faire qui tende à en diminuer l'usage ou à le » rendre plus incommode. »

Elles sont, en outre, précisées très-explicitement par l'article 1er de l'Arrêté préfectoral du 29 septembre 1813, « aux dispositions duquel l'acquéreur sera tenu » de se conformer avec exactitude », dit le Procès-Verbal de la vente du 11 octobre 1813, à l'article : CONDITIONS PARTICULIÈRES.

Rappelons ici l'article 1er dudit Arrêté :

« Les acquéreurs des garigues, pâtus, hermes, va- » cants et autres lieux ci-devant communaux, à raison » desquels le droit de lignerage aura été réservé en » faveur des habitants, ne pourront point changer la » destination desdits biens, ni les défricher, afin de ne » point porter atteinte au droit réservé. La réserve de » ce droit sera nécessairement stipulée dans le Procès- » Verbal d'adjudication. »

La défense de changer la distination des biens et de les défricher est-elle ABSOLUE? Non, elle est faite afin qu'il ne soit pas *porté atteinte au droit réservé.* Elle n'existe qu'en raison de l'existence du droit de lignerage; elle n'est que RELATIVE à l'exercice de ce droit, et elle a nécessairement pour limites *les atteintes* qui pourraient *lui être portées*, c'est-à-dire la diminution qu'on pourrait faire subir à l'usage, comme parle l'article 702; *en deçà* de ces limites, elle n'existe pas; *au delà,* elle règne en souveraine maîtresse.

En effet, l'article 2 de l'Arrêté porte :

« Lorsque cette réserve (la réserve du droit de ligne-» rage) n'aura pas lieu et qu'il n'en sera fait aucune » mention dans le Procès-Verbal d'adjudication, les ac-» quéreurs pourront jouir de leurs propriétés comme ils » l'entendront, et y faire les défrichements qu'ils juge-» ront convenables. »

Cette réserve a été faite, nous l'avons citée plus haut. Est-ce à dire que les acquéreurs ne puissent faire aucun défrichement, *absolument aucun?* Nullement. Ils ne pourront pas en faire *comme ils l'entendront et le jugeront convenable,* voilà tout. Nul doute qu'ils ne puissent en faire, au contraire, tant qu'ils ne *porteront pas atteinte au droit réservé.*

Cela est si vrai, la prohibition *de changer la destination des biens et de défricher* doit être entendue d'une façon si peu absolue, que si le défrichement, par exemple, avait pour objet le reboisement de nos garigues, et le changement de destination avait pour résultat de rendre plus facile et plus lucratif l'exercice du droit de lignerage, nul doute que, dans cette hypothèse, le propriétaire n'échappât aux prescriptions de l'article 702 et aux défenses faites par l'article 1er de l'Arrêté préfectoral; nul doute qu'*en défrichant* et en *changeant la destination des biens*, le propriétaire n'eût fait un acte très-loisible et ressortissant même de ses droits. Pourquoi cela ? La raison en est simple : il *n'a point porté atteinte au droit réservé*. Qu'on ne dise pas que, dans ce cas, le défrichement ne changerait pas la destination des biens ; autant vaudrait comparer une de nos plus belles forêts de l'Auvergne ou des Vosges avec nos tristes landes méditerranéennes. Le changement serait radical, les existences agraires ne seraient plus les mêmes, et le droit de lignerage, qui est de nulle valeur aujourd'hui, aurait acquis après ce changement un valeur immense.

Donc la clause portant défense *de changer la destination desdits biens et de les défricher* ne peut s'entendre d'une manière absolue : le propriétaire tombe sous ses coups *s'il porte atteinte au droit réservé*, il en est affranchi dans le cas contraire.

Tel est le principe, telle est la vérité. Déduisons-en les conséquences pratiques.

Le propriétaire peut-il jouir sur son fonds de tous les droits que la propriété confère ? Indubitablement, si leur exercice *ne porte pas atteinte au droit réservé*. Peut-il, je ne dis pas arracher, mais couper du bois ? Sans contredit, car plus il en coupera, plus il restera sur le sol de bois mort, sec et traînant, et plus facile et plus lucratif sera le droit de lignerage.

Peut-il, je ne dis pas enlever des pierres, cela va de soi, mais extraire des matériaux, faire des sablières, ouvrir des carrières de pierre, de marbre ? Non, *s'il porte atteinte au droit réservé;* oui, s'il n'y porte pas atteinte.

Or nous nous rappelons l'importance de ce droit de lignerage sur nos garigues. Elle est insignifiante, presque illusoire. L'Administration supérieure n'a pas trouvé qu'il y eût lieu de se plaindre de ce que la Compagnie du Midi l'avait évaluée à un franc pour une étendue de neuf hectares. Que sera-t-elle, cette valeur, sur une étendue, je ne dis pas d'un hectare, d'une séterée de Poussan (18 ares 90 centiares), d'un are (100 mètres carrés), mais de quelques mètres carrés, qui sont la mesure habituelle des orifices des sablières ou des carrières de pierres de nos pays? Elle sera donc nulle, cette valeur représentative du droit de lignerage. Elle sera égale à zéro, au-dessous de rien. Elle sera inappréciable, elle n'existera pas. Il n'y aura donc *pas eu atteinte portée au droit réservé,* partant il sera loisible au propriétaire d'ouvrir des sablières et des carrières de pierres. Voudrait-on dire qu'en enlevant des pierres, en ouvrant des carrières, il met obstacle à la venue du bois? Mais, en substituant à la roche nue de la terre ou des roches désagrégées mêlées de terre, il prépare une meilleure levée aux semis de chênes ou autres essences que les vents y porteront; il travaille au reboisement de nos garigues: il ne porte donc pas atteinte au droit de lignerage.

Sans doute, s'il les multipliait au point d'absorber une surface telle qu'il fût *porté atteinte au droit réservé,* le propriétaire manquerait à ses obligations, et la Commune serait en droit de l'y rappeler.

De même, nul doute qu'il ne pût construire ce qu'on appelle à Poussan *une baraquette,* sur la partie de son fonds la mieux exposée, pour lui permettre de jouir du magnifique panorama qu'offrent aux yeux notre bel étang de Thau et notre mer bleue, poussant leurs vagues agitées au pied de nos montagnes et noyant dans leurs flots azurés cette belle transfuge de la Gardéole, cette fugitive de notre Continent, qu'on appelle la montagne de Cette. Il pourrait aussi creuser çà et là des puits (comme il a fait déjà des mares), pour fournir à ses troupeaux une eau trop souvent absente dans nos régions, et permettre aux habitants de la Commune qui iraient, dans la saison chaude, exercer leur droit de lignerage, d'étancher leur soif brûlante.

Mais nul doute aussi que, s'il multipliait ses *baraquettes* au point d'en faire des villes ou des hameaux — nous sommes ici dans le domaine de l'imagination — ou que l'eau de ses puits submergeât une partie du fonds grevé, la Commune ne pût le rappeler à ses devoirs ; et s'il voulait sauver ses eaux, en les abritant derrière la Loi sur le drainage, nul doute que la Commune ne pût, invoquant à son tour la Loi, lui réclamer une juste indemnité, pour la partie du sol soustraite au droit de lignerage.

Nul doute, en un mot, que le propriétaire ne puisse exercer tous les droits dérivant de la propriété, pourvu qu'il ne porte pas atteinte au droit réservé. Vouloir le gêner dans sa jouissance, au nom du droit réservé, alors que cette jouissance ne lui porte pas atteinte, serait donner aux textes qui fixent les obligations des propriétaires une portée qu'ils n'ont jamais eue dans l'intention de leurs auteurs, leur imposer une interprétation d'un judaïsme outré, et abriter sous la majesté de la Loi ce qui serait le comble de l'iniquité et de l'injustice.

Autant vaudrait dire que le possesseur d'un droit de

passage, par exemple, peut empêcher le propriétaire du fonds grevé de toucher à une pierre ou à une motte de terre de son chemin, ou que le possesseur d'un droit d'aspect sur un jardin peut empêcher le propriétaire du jardin de changer ses fleurs, creuser un bassin pour ses poissons, élever une hutte pour ses oiseaux. Il le pourrait, si la pierre ou la motte obstruaient le passage, si au lieu de fleurs on plaçait sous ses fenêtres un mur de cyprès, si le bassin devenait un gigantesque vivier englobant tout le jardin, si la hutte enfin devenait un hideux hangar ayant absorbé allées, corbeilles et massifs. Dans le cas où cela ne serait pas ainsi, il serait mal fondé dans ses prétentions, et devrait être débouté d'une demande ayant tous les caractères de la mauvaise foi. Répondre autrement, répondre affirmativement dans tous les cas, serait vouloir aller se briser contre les données d'une saine raison et de l'équité naturelle, bien plus, contre les prescriptions de la Loi elle-même, qui édicte des adoucissements à ses préceptes, dans ce même article 701 du Code Napoléon [1], et qui autorise ainsi les interprétations les plus favorables au fond grevé, quand il n'est porté aucun préjudice au droit réservé.

D'ailleurs, les *conventions doivent être exécutées de bonne foi*. C'est un principe d'équité naturelle, consacré

[1] «Il ne pourra changer l'état des lieux, ni transporter l'exercice de la servitude dans un endroit différent de celui où elle a été primitivement assignée. *Mais cependant, si cette assignation primitive était devenue plus onéreuse au propriétaire du fonds assujetti, ou si elle l'empêchait d'y faire des réparations avantageuses, il pourrait offrir au propriétaire de l'autre fonds un endroit aussi commode pour l'exercice de ses droits, et celui-ci ne pourrait pas le refuser.*»

dans notre Législation par l'article 1134 du Code Napoléon, et qui règle la matière. Un acte relevant des obligations des usagers ou des propriétaires se produit; il est ou non conforme à la Loi et aux Actes constitutifs des droits et devoirs de chacun. Les conséquences sont faciles à déduire. Il y a doute; les uns disent : « Tel acte est conforme au droit », d'autres soutiennent qu'il ne l'est pas; les tribunaux apprécient comme dans toutes les causes analogues, et terminent les débats dans le calme, la sérénité, la majesté de leurs audiences, et aussi loin que possible du soulèvement de la passion et des excitations de la colère.

La question semble épuisée et les difficultés résolues conformément aux saines notions de la Justice et du Droit. Pourtant les vieilles préventions ne veulent pas désarmer. « Nous ne pouvons pas faire des pierres ou du » sable, disent-elles; vous nous l'interdisez au nom de » votre droit de propriété. Eh bien! vous, propriétaire, » vous n'en ferez pas plus que nous. La Commune vous » l'interdira au nom de notre droit de lignerage. »

La réponse est déjà sur toutes les lèvres; elle ressort des principes posés plus haut et de la situation respective des propriétaires et des usagers. La voici en deux mots : Vous, usagers, avez droit au bois mort, sec et traînant: c'est bien; mais les pierres ou le sable ne sont pas bois mort, sec et traînant. Comment, dès lors, pourriez-vous y prétendre? C'est indiscutable. Pour nous, au contraire, notre droit de propriété nous donne droit à la jouissance de toutes les choses, de tous les fruits de notre fonds, absolument de tout ce qui se trouve dessus, dedans, dehors, pourvu que nous ne portions pas atteinte au droit réservé. Or je crois avoir montré, avec la dernière évidence, jusqu'où allaient les limites de nos droits en fait de sables ou de pierres. Comment, dès lors, pourriez-vous arguer de votre droit de lignerage pour nous empêcher ?

Ce qui a pu occasionner cette illusion, c'est qu'on a cru que le droit de lignerage, qui n'est qu'une simple servitude, qu'un simple droit d'usage, n'avait devant lui qu'un autre simple droit d'usage, le droit de pacage, et on a pensé avoir des droits égaux. On se trompait : le droit de lignerage, qui n'est qu'une servitude nettement définie dans son objet, avait devant lui le droit de propriété, indéfini pour ainsi dire dans sa puissance. Ce qui était loisible à l'un pouvait et devait même, nécessairement, ne pas être permis à l'autre.

B. — Conséquences eu égard aux modes d'extinction du droit ; le Cantonnement.

Mais toutes les conséquences résultant de cette confusion ne sont pas celles dont je viens de parler. D'autres, et plus graves, se rattachent au sujet qu'il me reste à traiter : les droits et devoirs de chacun vis-à-vis des divers modes d'extinction de la servitude du droit de lignerage.

Le droit commun, la raison nous disent que les servitudes cessent lorsque les choses se trouvent en tel état qu'on ne peut plus en user. (Art. 703 du Cod. Nap.)

Ainsi, dans notre espèce, supposons que nos montagnes se changent en étangs — n'allez pas croire que nous retournons dans le domaine de l'imagination ; des faits analogues à ceux que nous allons supposer se sont produits plusieurs fois, dit l'histoire, dans l'Archipel grec, et se produisent encore aujourd'hui à Santorin, l'une de ses îles, où ils excitent la vive curiosité de nos savants; et la légende de nos pays ne nous dit-elle pas que les flots de l'étang de Thau reposent sur un lit de maisons, vestiges de grandes villes autrefois florissantes, et que son fond, qui se perd aujourd'hui à de si grandes profondeurs, livrait autrefois ses cimes aux vents, alors que la montagne de Cette n'était peut-être elle-même qu'un étang ou un coin ignoré de la mer? — supposons donc que nos garigues deviennent des étangs, sans que les eaux soient venues submerger, bien entendu, nos terres fertiles et le petit monticule aux flancs duquel Poussan semble assis.

Le droit de lignerage prend fin aussitôt : son objet a péri.

Pour nous, au contraire, notre droit de propriété continue à étendre notre domination sur les superficies changées en étangs. Nous pouvons exercer tous les modes de jouissance que le droit de propriété confère sur un étang, et substituer, s'il nous plaît, à nos maigres pacages des pêches enrichissantes.

Trente ans ne se sont pas écoulés ; les eaux disparaissent ; nos collines émergent de nouveau, chargées d'une végétation luxuriante: nous ne perdons rien de nos droits de propriété ; mais, avec le bois qui reparaît, votre droit de lignerage renaît aussi. (Art. 704 C. Nap.) Nous substituons à nos pêches miraculeuses des coupes de bois comme jamais on n'en vit, et le bois mort, sec et traînant, qu'elles laissent après elles, fait la fortune des habitants de la Commune. C'est l'Age d'Or pour tout le monde; aussi pas un écho pour une plainte, pas un murmure : c'est l'harmonie universelle de tous les intérêts...

Malheureusement ce n'est qu'une fiction inventée par moi, pour mieux mettre en relief la différence des pouvoirs que donnent le droit de propriété et le simple droit de lignerage, et je dois revenir à la réalité, c'est-à-dire aux incroyables confusions de pouvoirs et d'attributions dans lesquelles on est tombé, pour ne pas vouloir tenir compte de ces différences, qui tiennent cependant à la nature des choses, à propos d'un mode tout particulier d'extinction du droit de lignerage : *le Cantonnement.*

Je vais tâcher de les dissiper en remontant aux sources et établissant les vrais principes de la matière.

La propriété préexiste à toute espèce de servitude. Celles-ci n'en sont, en effet, que comme un amoindrissement, une diminution. Elles prennent leur origine, soit dans la nature des lieux, soit dans les prescriptions de la Loi, soit dans les conventions particulières. Les usages en bois, et le droit de lignerage par conséquent, se rattachent à cette dernière catégorie. A ce titre, elles ne peuvent prendre fin que de deux manières : par le consentement mutuel des parties et par les causes que la Loi autorise. (Art. 1134 C. Nap.) Ces causes sont le rachat, à prix d'argent, pour certains usages en bois, sous les réserves posées par la Loi (art. 64 du C. for.), et le cantonnement, pour certains autres, parmi lesquels est le droit de lignerage.

Celui-ci consiste à substituer au droit d'usage, sur toute l'étendue du fonds grevé, le plein et entier droit de propriété sur une partie de ce fonds.

La somme d'argent, dans le cas de rachat ; l'étendue de la partie du fonds à délaisser, dans le cas de cantonnement, sont fixées, soit de gré à gré, soit, si l'on n'est pas d'accord, par les Tribunaux. L'indemnité, dans les deux cas, doit être naturellement la représentation exacte de la valeur du droit éteint. Ni l'usager, ni le propriétaire, ne doivent être enrichis ou appauvris par le fait même de l'opération : leur situation doit être la même après comme avant le rachat ou le cantonnement. Il serait, en effet, aussi injuste de cantonner en bois taillis des usagers ayant droit à des bois de construction, qu'il le serait de cantonner en *placers* californiens, ou en forêts complantées des essences les plus précieuses, les ayants-droit au bois mort, sec et traînant.

Tels sont les principes hautement acceptés par tous.

Les difficultés ont surgi seulement quand on a voulu décider qui a le droit d'*exiger* ou *imposer* le cantonnement. Est-ce le propriétaire seulement? Est-ce aussi l'usager?

Essayons de trouver la réponse dans les principes.

Nul ne peut être dépouillé de sa propriété, nous l'avons dit, et l'article 545 du Code Napoléon le confirme, que par la voie de l'expropriation forcée pour cause d'utilité publique. Comment, dès lors, l'usager pourrait-il imposer un dépouillement quelconque au propriétaire du fonds sur lequel il exerce son droit?

Pour pouvoir forcer quelqu'un à se dessaisir d'une portion quelconque de sa propriété, il faudrait être soi-même propriétaire de ladite propriété, c'est-à-dire *copropriétaire* avec un tiers dudit immeuble, car *nul ne peut être contraint de rester dans l'indivision.* (Art. 815 Code Napoléon.) Or les usagers ne sont nullement copropriétaires. Ils n'ont que le simple droit de participer à la jouissance des fruits, jamais à la propriété du fonds. Il ne peut donc jamais exister entre les usagers et les propriétaires un cas d'indivision. Partant, les usagers ne pourront jamais arguer de leurs droits pour imposer à un propriétaire un dessaisissement quelconque du fonds sur lequel ils les exercent, et, comme le dit un savant auteur, M. Meaume, dans son *Commentaire du Code forestier* (t, I. n° 398), « la faculté de » demander le cantonnement ne doit pas être réciproque » entre le propriétaire et l'usager. »

Ces principes sont si conformes aux saines données de la raison et du droit, qu'ils ont été formellement consacrés par le Code forestier dans les articles suivants :

« Art. 63. — Le Gouvernement pourra affranchir » les forêts de l'Etat de tout droit d'usage en bois, » moyennant un cantonnement qui sera réglé de gré à » gré, et, en cas de contestation, par les Tribunaux. — » L'action en affranchissement d'usage par voie de can- » tonnement n'appartiendra qu'au Gouvernement, et » non aux usagers. »

« Art. 118. — Les particuliers jouiront de la même » manière que le Gouvernement, et sous les conditions » déterminées par l'article 63, de la faculté d'affranchir » leurs forêts de tous droits d'usage en bois. »

Ces articles ne sont eux-mêmes qu'un retour à la législation qui avait toujours régi la matière, depuis que le cantonnement avait été admis par la Loi comme mode d'extinction de certains usages en bois, législation qu'avait reproduite expressément l'article 8 de la Loi du 19 septembre 1790, disant que le droit de demander le cantonnement contre les usagers de bois, prés, marais et autres terres n'appartenait qu'au propriétaire.

Mais on invoque contre notre solution une Loi du 28 août 1792, qui dit que le cantonnement peut être exigé tant par les usagers que par les propriétaires.

Voyons ce que vaut cette Loi.

Elle a été rendue aux temps les plus néfastes de notre Révolution. La séance permanente du 10 août durait encore. Entre une discussion inspirée par la crainte d'une trahison embrassant tous les commandants de place de France et la création de nouveaux assignats, M. Mailhe, au nom du COMITÉ DE FÉODALITÉ, vient proposer ladite Loi, comme ARTICLES ADDITIONNELS au Décret sur la SUPPRESSION DES DROITS FÉODAUX. L'Assemblée vote ces articles, desquels on a dit qu'ils étaient « une série d'aberrations morales, de violations de tous » les principes, d'absurdes atteintes au droit de pro- » priété[1] ». Pour la juger nous-mêmes, il suffira de dire que le droit de cantonnement, si libéralement, mais si imprudemment accordé aux usagers pour le bon aménagement des bois, forêts et autres fonds sujets à des usages à bois, était aussi donné à ceux qui n'exerçaient qu'un droit de pâturage, donné même au créancier d'un simple droit de vaine pâture....

C'était mettre le sol forestier de la France à la discrétion et à la merci de toutes les individualités haineuses ou mécontentes.

D'ailleurs cette loi n'est pas applicable à notre espèce. Elle se rattache au Décret portant SUPPRESSION DES DROITS FÉODAUX. Or pas l'ombre d'un souvenir de l'existence d'un droit féodal entre les propriétaires des

[1] Curasson, avocat à la Cour impériale de Besançon, l'auteur d'un des meilleurs commentaires sur le *Code forestier*.

garigues de Poussan et les usagers. Les Seigneurs n'ont jamais été propriétaires des garigues, qui ont toujours été *des biens patrimoniaux de la Communauté* [1]. Donc la Loi ne me paraît pas pouvoir être invoquée.

Le pourrait-elle, qu'on ne saurait en faire une application à notre espèce. Elle a été abrogée par l'artice 218 du Code forestier, ainsi conçu :

« Sont et demeurent abrogés, pour l'avenir, toutes Lois » Ordonnances, Édits et Déclarations, Arrêts du Conseil, » Arrêtés et Décrets, et tous Règlements intervenus à » quelque époque que ce soit, sur les matières réglées » par le présent Code, en tout ce qui concerne les » forêts. »

C'est ainsi, du reste, que la question a été décidée dans une délibération motivée, en date du 16 janvier 1866, par le Comité consultatif des Établissements publics de l'Arrondissement de Montpellier.

La Commune de Saint-Jean-de-Védas a vendu ses garigues en vertu de la Loi du 20 mars 1813. Des dissentiments s'étant élevés entre elle et les propriétaires actuels de ces garigues, elle voulait leur intenter un procès pour faire reconnaître aux habitants le droit d'y extraire des pierres, et exiger des propriétaires le cantonnement. Le Comité consultatif conclut au malfondé de ces prétentions, et la commune de Saint-Jean-de-Védas n'a pu obtenir l'autorisation de plaider.

Les difficultés de droit soulevées au sujet du cantonnement me paraissent donc complètement dissipées. Ma tâche serait finie, si je ne tenais à présenter quelques

[1] Registre des délibérations, vol. 1778-1789.

considérations sur les conséquences pratiques qu'entraînerait, pour les intérêts engagés, l'opération du cantonnement étendue à toutes les garigues de Poussan.

Quels en seraient les avantages ou les inconvénients, soit pour les habitants de la Commune, soit pour les propriétaires?

Les premiers perdraient leurs droits au bois mort, sec et trainant, sur les parties restées aux mains des propriétaires, et verraient probablement disparaître, ou au moins diminuer considérablement, la tolérance qui leur a permis jusqu'à ce jour de couper du bois. Partant pourrait disparaître cette faculté, à l'exercice de laquelle j'ai entendu bien souvent imputer l'absence de toute grande misère dans la Commune, faculté précieuse qui permettait d'employer les jours où tout travail utile était impossible, à atténuer les effets préjudiciables du chômage forcé, en faisant sa provision de bois de chauffage ou celle d'autrui à prix d'argent. Ainsi pourrait aussi périr, ou du moins voir s'éteindre sa prospérité, cette industrie qui consiste à fournir, durant toute l'année, les menus bois à bien des ménages et aux cinq ou six boulangeries de la Commune, et qui donne des moyens d'existence à de nombreuses et intéressantes familles.

Mais on verrait quelques habitants de la commune, en assez petit nombre probablement, devenir propriétaires des diverses parcelles délaissées. Ces dernières seraient, en effet, vendues, soit aux enchères, soit de gré à gré, mais adjugées dans tous les cas à ceux qui offriraient les plus hauts prix. Il ne pourrait en être autrement; chacun le comprend.

Aussi est-elle bien grande l'illusion de ceux qui pensent que le cantonnement profiterait exclusivement aux gens les plus nécessiteux. Non, ce qu'ils perdraient, c'est la faculté de faire leur bois de chauffage ; et, dans un pays comme est Poussan, où le bois est si rare et si cher, cette perte serait cruellement sentie. Ce qu'ils gagneraient, ce serait de voir quelques propriétaires installés sur les sols qui fournissaient autrefois leur bois de chauffage. Mais la plus grande somme de travail jetée sur le marché des salaires, direz-vous, apporterait bien de beaux profits aux indigents ?... Rien n'est moins sûr : si cette somme de travail n'était pas de nature à surcharger le marché, il n'y aurait pas de mouvement sur les salaires, partant pas de profits pour les indigents. Dans le cas contraire, la population actuelle de la Commune suffisant à peine aux exigences quotidiennes, les bras affamés des habitants des Départements pauvres qui nous environnent sauraient bien venir vite prendre leur part de la curée, et le livre de la misère n'aurait pas vu diminuer probablement d'un seul le nombre des noms inscrits sur ses pages.

Ah ! c'est que la misère ne se laisse pas prendre si facilement au filet des faits de l'ordre économique. Le meilleur moyen de la diminuer ou de l'éteindre, c'est de l'empêcher de naître ; or elle naît le plus souvent pour l'homme du mauvais usage de sa liberté ; et ce n'est pas l'économie politique qui apprend à l'homme à bien user de ce don, le plus précieux qu'il ait reçu, et dont le bon usage le rapproche le plus des sommets divins d'où il est descendu, mais dont l'abus le précipite aux derniers abîmes de l'abaissement matériel et de la dégradation morale. Non, le levier est ailleurs.... Il est aux mains de Celui qui a osé dire, il y a vingt siècles, sans que sa parole ait encore été démentie par personne : « Venez à moi, vous tous qui travaillez et qui » portez péniblement le fardeau de la vie, et je vous » soulagerai.... » Voilà le grand guérisseur de la misère. Mais je me suis trop éloigné de mon sujet, en voulant suivre dans leurs conséquences les plus lointaines les illusions de ceux pour lesquels le cantonnement est une panacée. J'y reviens, car j'ai hâte de terminer.

Les propriétaires, de leur côté, moyennant le délaissement d'une portion de leurs garigues, recouvreraient leur *entière* liberté d'action sur tout le reste. Ils pourraient jouir de leurs propriétés *comme ils l'entendraient,* et y faire les défrichements *qu'ils jugeraient convenables.*

Les avantages qui en résulteraient seraient-ils bien grands? Nul ne l'a pensé jusqu'à aujourd'hui, puisque personne n'a osé s'aventurer dans la voie du cantonnement.

A-t-on eu tort ou raison d'agir ainsi?

Dans l'état actuel, les garigues, divisées en une douzaine de lots, forment des annexes précieuses de domaines ruraux. Chaque lot fait corps, pour ainsi dire, avec le domaine auquel il est attaché, et dont il avive la fécondité en le pourvoyant d'engrais. Les plus grands, qui sont de 160 hectares environ[1], suffisent à peine à l'entretien d'un troupeau, ne fournissant qu'une partie très-minime des engrais nécessaires à une bonne exploitation. Comment, dès lors, trouver mauvais qu'on

[1] Celui dont je suis propriétaire est de 154 hectares 6 ares 70 centiares. Acte reçu Me Chivaud, notaire à Montpellier, le 12 décembre 1837.

n'ait pas songé à diminuer une source de fertilité déjà insuffisante?

Mais, dit-on, les revenus plus considérables que procurera la nouvelle amodiation des propriétés dédommageront amplement les propriétaires de la perte des engrais, et l'opération produira finalement une augmentation notable de richesse pour tous.

Nous avons vu quelle pourra être la part de la masse de la population ; voyons la nôtre.

Elle sera grande si, comme certains l'imaginent, nos garigues sont en majeure partie susceptibles de devenir par le défrichement des terres arables d'une qualité ordinaire. Elle sera médiocre, petite même, si le défrichement ne peut s'étendre qu'à une partie relativement minime et ne nous donne que des terres d'une fertilité douteuse ou passagère.

Cette dernière opinion paraît être celle des propriétaires; elle est partagée par un assez grand nombre d'individus, et elle ne me paraît pas dénuée de tout fondement. Les défrichements autorisés par les diverses législations en vigueur avant la vente des garigues, et opérés de temps immémorial, les ont, en effet, dépouillées depuis longtemps de leurs plus beaux fleurons. Ces terres donnent encore aujourd'hui les produits les plus riches et les plus estimés. Quant aux parties des garigues encore propres à être défrichées, leur éloignement du village ou leur fertilité moindre en avaient fait un objet de dédain pour nos pères. Je n'ignore pas que les conditions économiques ont changé, que les hauts prix des vins peuvent avoir donné de l'ambition même aux terres les plus mauvaises; mais rien ne dit qu'un changement en sens inverse ne soit plus possible. D'ailleurs, en examinant la question au point de vue exclusivement agraire, il est de fait que les terres qui ont été défrichées seulement au commencement de ce siècle ont dû être abandonnées après quelques années de maigres revenus et d'exploitation ruineuse. Le même sort attend, à plus forte raison, celles qui sont encore susceptibles de l'être, nos pères n'ayant pas eu la naïveté de choisir les parties de moindre valeur pour asseoir leurs défrichements.

C'est pourtant sur ces terres que porterait l'opération, et c'est avec l'appât de bénéfices reposant sur de telles données, qu'on voudrait voir les propriétaires se décider à demander le cantonnement !

Ils détruiraient une propriété aménagée en vue du meilleur service de leurs intérêts, pour courir après l'inconnu chargé de soucis parce qu'il est plein de mystères; ils s'exposeraient aux chances parfois malheureuses des expertises, pour multiplier chemins et enclaves dans leurs propriétés ; ils rendraient ce qui leur resterait de garigues impropre à la tenue d'un troupeau, puisqu'ils n'y consacreraient que les roches nues, pour courir après d'introuvables engrais; et tout cela pour être réduits à des revenus hypothétiques — car qui peut lire dans l'avenir ? — pour laisser retourner en friche leurs terres arables, et attendre peut-être un demi-siècle que la nature en eût refait un bon sol de garigues ! Mais ils quitteraient le certain pour l'incertain, ils lâcheraient la proie pour l'ombre, et je ne suis pas surpris que l'idée n'en soit encore venue à l'esprit de personne.

On a parlé aussi quelquefois de l'intérêt que le Fisc aurait à la réalisation du cantonnement. Veut-on parler des impôts indirects que les vins nouvellement portés à la circulation acquitteraient? J'en ai assez dit sur ce point, en parlant du succès problématique de l'opération. Veut-on parler de l'impôt direct? Quant à l'impôt foncier, les nouvelles terres ne payeraient pas un impôt plus élevé que celui qu'elles payent aujourd'hui, jusqu'à ce que le cadastre fût refait. Pour ce qui est des droits de mutation qu'on ne pense pas que nos garigues aient rien conservé de leur ancien caractère de *biens de mainmorte*. La plupart des lots appartiennent à la quatrième ou cinquième génération de propriétaires depuis 1813. Il se fait donc à leur sujet un travail de mutation plus considérable que sur beaucoup d'immeubles de grande valeur.

On s'égare donc quand on porte si loin ses regards. C'est sur l'intérêt des propriétaires qu'il faut les concentrer, puisque seul il peut décider les changements que l'on rêve. Les propriétaires sont aveugles, dites-vous : c'est chose assez surprenante au XIXe siècle, le siècle des lumières, dit-on ; le siècle des lumières qui éclairent surtout les intérêts matériels, ajouterais-je. Mais que l'attention publique se porte sur ce point, que les foyers lumineux de toutes les intelligences y convergent, et les propriétaires ne demeureront pas longtemps insensibles aux reflets dorés dont vont se parer leurs garigues. Le jour où ils croiront y trouver tout l'or que vous dites, ils seront heureux d'en faire leur part aux habitants de la Commune. Ce jour-là, le cantonnement sera possible. Mais je crains bien que, pour la Commune de Poussan, avec les données économiques et agricoles qui y règnent, ce jour ne se fasse attendre.

J'ajoute, en finissant, qu'après avoir mûrement pesé les avantages et les inconvénients qu'il produirait, je n'oserais dire s'il faudrait s'en réjouir ou s'en attrister.

CHAPITRE V

LE PAYEMENT DU PRIX

—

Nous avons vu comment la Caisse d'amortissement, cessionnaire des biens communaux en vertu de la loi du 20 mars 1813, avait rempli ses obligations de vendeur, qui sont la délivrance et la garantie de l'objet vendu; il nous reste à voir comment elle s'est acquittée envers la Commune de celle que lui imposait sa qualité de cessionnaire ou d'acquéreur, le payement du prix.

Demander si l'État s'est acquitté de ses obligations semble presque une injure; examiner comment il l'a fait semble chose oiseuse. Il n'en est rien pourtant, et l'on s'apercevra de l'opportunité de l'examen aux lumières qui en rejailliront sur *les Quelques Mots d'histoire et de droit* que j'ai entrepris d'écrire.

Aux termes de l'article 6 de la loi du 20 mars, « la » Caisse d'amortissement était tenue de payer à chaque » Commune (en rentes sur l'État, art. 3) l'équivalent » du revenu net dont elle aurait joui en 1813, d'après » la fixation déterminée par un Arrêt du Conseil. »

Cette fixation porta à 1,457 fr. le chiffre de rentes qui devaient être servies annuellement à la Commune de Poussan.

De fait, dans le projet de budget rectifié de l'année 1815, dressé par le Conseil municipal le 5 mars 1815, figurent aux revenus de la Commune : « *Intérêts dus par » la Caisse d'amortissement pour la rente des garigues » de la Commune, et ce pour l'année échue le 31 dé- » cembre 1814, 1,500 fr.* [1] » La fixation du chiffre de rentes faite par arrêt du Conseil n'avait pas dû être encore communiquée officiellement à la Commune.

Ces espérances furent malheureusement déçues.

Les intérêts ci-dessus ne furent pas payés.

Les désastres qui fondirent sur la France en 1814 et les années suivantes, et qui compromirent tant sa puissance, jetèrent le désordre dans les finances. Les services publics restèrent en souffrance. La Caisse d'amortissement ne put remplir ses engagements, et cette situation se prolongea jusqu'en 1819.

Quelle pénible et fallacieuse impression durent ressentir les habitants de la Commune de Poussan, relativement à la question qui fait l'objet de mon travail !... Ne serait-il pas juste de faire remonter jusqu'à elle cette longue et invincible ignorance du fond des choses

[1] Extrait du registre des délibérations du Conseil municipal, vol. 1809 à 1830.

que nous avons signalée à notre début, ces sourires d'imperturbable incrédulité avec lesquels, depuis quarante ans, on accueillait quiconque parlait de la vente des garigues, et ces propos empreints d'une si triste et si dangereuse ironie, répétés par toutes les bouches? « On dit que les garigues ont été vendues en 1813. » Mais qui en a vu le prix? Qui l'a perçu? Ce n'est » certainement pas la Commune. »

Sans doute, après ce que je vais dire, de tels propos n'auraient plus dû être tenus. Mais comment empêcher toute une population, distraite des affaires publiques par les soins empressés de ses intérêts, de garder le souvenir d'une pareille impression, alors que les hommes et les choses semblent, comme je l'ai montré, avoir conspiré constamment à la rendre ineffaçable?...

Quoi qu'il en soit, l'heure des réparations a sonné. Le deuil de l'invasion a cessé; pas un soldat étranger ne foule plus le sol de la patrie. La France commence à respirer; le Gouvernement de la Restauration peut rapporter son attention sur les questions intérieures. Les services publics sont réorganisés. La Caisse d'amortissement reprend ses payements, et le Maire de la commune de Poussan peut dire à son Conseil municipal, le 10 avril 1819, « qu'il a été versé par le Receveur municipal, dans la Caisse centrale de service, chez le Receveur général, une somme de 7,612 fr. 82 c., provenant des arrérages dus à la Commune, par le Gouvernement, de la vente des garigues, dont la liquidation en a été faite, depuis le 1er janvier 1814 jusqu'au 22 mars dernier [1]. »

[1] Extrait textuellement du registre des délibérations. Même vol.

Depuis cette époque jusqu'en 1852, le chiffre de 1,457 fr. de rentes figure au budget des recettes de la Commune, sous les rubriques d'abord de *Rente de biens vendus, Rentes provenant de biens aliénés,* puis simplement de *Rentes sur l'État.*

A partir de 1853, cette *rente sur l'État* ne figure plus aux recettes des budgets communaux que pour la somme de 1,311 fr., par suite de la réduction des intérêts de la dette publique de 5 à 4 $^1/_2$ $^0/_0$, opérée en vertu du décret du 14 mars 1852.

Elle n'en est pas moins la représentation du prix de la vente faite le 11 octobre 1813, et le témoignage indubitable de l'acquittement des obligations contractées à l'égard de la Commune de Poussan, en vertu de la loi du 20 mars 1813, par la Caisse d'amortissement.

Le lecteur qui aura bien voulu me suivre jusqu'à ces dernières lignes, à travers un sujet bien peu attrayant, aura pris, je crois, une connaissance assez exacte de la question de la vente des garigues de la Commune de Poussan.

J'ai dit, sur tous les points où j'ai cru devoir placer quelques mots d'explication, ce que je croyais être la vérité. Mes assertions ont été nettes, claires, précises. Chacun a pu les juger. Le langage que j'ai tenu est le langage de la raison et du gros bon sens ; c'est le langage de tous, et tous m'auront compris, j'en suis certain.

Qu'on ne vienne pas relever quelques scories échappées à ma plume, ou des obscurités restant encore dans quelque coin du tableau. Je demande à mes concitoyens de vouloir bien pardonner mon insuffisance, en excusant les unes et suppléant aux autres. Je suis heureux, et fier pour eux-mêmes, de mettre en leurs mains une cause toujours obscure et toujours mal comprise, et j'ai trop de confiance en leurs lumières et en leur droiture pour ne pas espérer qu'en la leur confiant elle s'illuminera des rayons mêmes de la vérité, et s'abritera pour toujours à l'ombre même de la Justice.

TABLE DES MATIÈRES

Montpellier, imp. Gras.

www.ingramcontent.com/pod-product-compliance
Ingram Content Group UK Ltd.
Pitfield, Milton Keynes, MK11 3LW, UK
UKHW021629260726
13994UKWH00003B/1136

9 782329 377902